Conrad K. Butler

Leyendas de velocidad:
Los coches más rápidos de cada marca

Conrad K.
PUBLISHING WAW

Los coches son maravillas increíbles de la tecnología que capturan la imaginación y la curiosidad de personas de todas las edades. Desde los diseños elegantes de los coches deportivos hasta la potencia bruta de los hiperdeportivos, hay algo innegablemente emocionante en la búsqueda de la velocidad.

¿Alguna vez te has preguntado cuál es el modelo más rápido de BMW? ¿O qué Mazda ostenta el título de ser el más rápido que haya salido de su fábrica? En este libro, te embarcas en un viaje para descubrir cuál es el coche legal para carretera más rápido de los fabricantes más populares. Estos coches representan la cúspide de la ingeniería automotriz, empujando los límites de lo que es posible en la carretera y dejándonos asombrados por sus capacidades de rendimiento. Ya sea rompiendo récords de velocidad en la pista o llamando la atención en la carretera, estos coches sirven como un testimonio de la innovación e ingenio humanos.

Las velocidades máximas listadas aquí son actuales para 2024, pero es importante recordar que la tecnología siempre está evolucionando y que pronto pueden aparecer nuevos coches que rompan estos récords. Algunos modelos más antiguos todavía ostentan el título de mayor velocidad, mostrando el impacto duradero de su diseño e ingeniería.

Varios factores influyen en la velocidad máxima de un vehículo, cada uno desempeñando un papel crucial en la determinación de su velocidad máxima. La potencia del motor es un determinante fundamental, ya que los motores con mayor potencia pueden impulsar el vehículo a mayores velocidades. La aerodinámica también impacta significativamente la velocidad máxima, ya que los diseños elegantes reducen la resistencia del aire, permitiendo que el vehículo corte el aire de manera más eficiente.

Además, factores como la distribución del peso y la adherencia de los neumáticos juegan roles vitales, con pesos más ligeros y una tracción óptima de los neumáticos contribuyendo a una mejor aceleración y velocidades máximas más altas. En general, es la sinergia de estos factores lo que finalmente determina la velocidad máxima que un vehículo puede alcanzar. Aunque no puedo cubrir todas las marcas de coches existentes, he seleccionado cuidadosamente las más icónicas y destacadas para incluir en este libro. Cada marca representa un capítulo único en la historia automotriz, mostrando la pasión, la innovación y la dedicación de ingenieros y diseñadores de todo el mundo. Así que abróchate el cinturón y prepárate para un viaje emocionante.

Hummer EV

El GMC Hummer EV es un potente supercamión totalmente eléctrico. Cuenta con unos impresionantes 1000 caballos de fuerza y acelera de 0 a 100 km/h en tan solo unos 3 segundos. A pesar de su potencia, tiene una velocidad máxima de solo 170 km/h. Esto no es sorprendente, ya que este coloso pesa nada menos que 4103 kg.

TATA Harrier

El TATA Harrier es el coche más rápido de la línea TATA, con una velocidad máxima de 195 km/h. Su diseño elegante y su interior espacioso brindan comodidad tanto a conductores como a pasajeros. El Harrier ejemplifica el compromiso de TATA de combinar rendimiento, innovación y estilo en un vehículo extraordinario.

El SUZUKI Kizashi es el coche más rápido de la línea SUZUKI, alcanzando una velocidad máxima de 215 km/h. Este sedán combina un rendimiento sólido con un diseño elegante y estilizado. Ofrece un interior cómodo y espacioso, lo que lo hace adecuado tanto para la conducción diaria como para viajes más largos. El Kizashi destaca la capacidad de SUZUKI para combinar velocidad y comodidad en un solo vehículo.

FIAT 124 Spider

El FIAT 124 Spider, con una velocidad máxima de 232 km/h, es el coche más rápido de la línea FIAT. Con un peso de poco más de 1088 kg, este ligero roadster está impulsado por un motor turboalimentado de 1.4 litros. Entrega 160 caballos de fuerza, proporcionando una experiencia de conducción emocionante. El 124 Spider combina un diseño clásico con un rendimiento moderno, mostrando la excelencia en ingeniería de FIAT.

El CITROEN C5 V6 Biturbo alcanza una velocidad máxima de 240 km/h, convirtiéndose en el coche más rápido de la línea CITROEN. Impulsado por un motor V6 de 3.0 litros, produce unos impresionantes 240 caballos de fuerza. Este modelo combina un alto rendimiento con un interior cómodo y espacioso, adecuado tanto para la conducción en ciudad como para viajes largos.

PEUGEOT RCZ R

El PEUGEOT RCZ R es el coche más rápido de la línea PEUGEOT, con una velocidad máxima limitada electrónicamente de 250 km/h. Con un motor turboalimentado de 1.6 litros que produce 270 caballos de fuerza, ofrece un rendimiento impresionante. Este modelo puede acelerar de 0 a 100 km/h en solo 5.9 segundos. La misma limitación electrónica de velocidad se aplica a los siguientes coches en este libro con una velocidad máxima de 250 km/h, asegurando un equilibrio entre potencia y seguridad.

El SEAT Cupra, el modelo más rápido de SEAT, cuenta con una velocidad máxima limitada por el fabricante de 250 km/h. Equipado con un motor potente, ofrece un rendimiento emocionante en la carretera. Su diseño dinámico y manejo responsivo hacen que cada conducción sea una experiencia emocionante.

SKODA Octavia vRS

El SKODA Octavia vRS, la cúspide de la velocidad en la línea SKODA, ostenta una velocidad máxima limitada electrónicamente de 250 km/h. Impulsado por un motor robusto, acelera de 0 a 100 km/h en solo 6.6 segundos, ofreciendo un rendimiento impresionante. Con su diseño elegante y características deportivas, el Octavia vRS proporciona una experiencia de conducción dinámica y segura.

VOLVO
top varieties

Muchos modelos de Volvo son capaces de alcanzar velocidades superiores a 250 km/h, pero están limitados electrónicamente a esta velocidad por razones de seguridad. Por ejemplo, el Volvo S60 T8 Polestar Engineered (en la imagen de arriba), con su potente motor híbrido, tiene el potencial de superar este límite. A pesar de esto, Volvo prioriza la seguridad, asegurando que todos sus modelos de alto rendimiento se mantengan dentro de una velocidad máxima controlada.

SUBARU WRX STI

El legendario SUBARU WRX STI S209 ostenta el título del coche más rápido de la línea SUBARU, con una velocidad máxima de 260 km/h. Con un peso aproximado de 1564 kg, cuenta con un motor turboalimentado de 2.5 litros que produce 341 caballos de fuerza. Este potente motor permite al S209 acelerar de 0 a 100 km/h en solo unos 4.9 segundos. Combinando alto rendimiento con manejo preciso, el WRX STI S209 es un modelo destacado para los entusiastas de la conducción.

El BUICK Regal GS, el coche más rápido de la línea BUICK, alcanza una velocidad máxima de 261 km/h. Está impulsado por un motor V6 de 3.6 litros que entrega 310 caballos de fuerza. Este sedán orientado al rendimiento puede acelerar de 0 a 100 km/h en solo unos 5.4 segundos. Con su combinación de velocidad, potencia y elegancia, el Regal GS destaca en la gama de vehículos de BUICK.

RENAULT Megane RS Trophy-R

El RENAULT Megane RS Trophy-R es el coche más rápido en la línea de RENAULT, con una velocidad máxima de 262 km/h. Equipado con un motor turboalimentado de 1.8 litros, produce impresionantes 300 caballos de fuerza. Este modelo ligero, con un peso aproximado de 1324 kg, destaca por su agilidad y manejo. Sus capacidades de rendimiento hacen del Megane RS Trophy-R una opción destacada para los entusiastas de la conducción.

El KIA Stinger GT, con una velocidad máxima de 270 km/h, es el coche más rápido en la línea de KIA. Está equipado con un motor V6 twin-turbo de 3.3 litros que genera 365 caballos de fuerza. Este potente sedán puede acelerar de 0 a 100 km/h en solo 4.7 segundos, demostrando su impresionante rendimiento. Es el único coche con aspiraciones deportivas en la línea del fabricante coreano.

VOLKSWAGEN Golf R "20 years"

Celebrando dos décadas de rendimiento, la edición "20 años" del VOLKSWAGEN Golf R es el coche más rápido en la historia de la marca, alcanzando una velocidad máxima de 270 km/h. Cuenta con un motor turboalimentado de 2.0 litros que produce impresionantes 328 caballos de fuerza. Este modelo de edición especial se distingue por elementos de diseño exclusivos y características mejoradas de rendimiento.

El MAZDA RX-8 Spirit R, con una velocidad máxima de 273 km/h, es el coche más rápido en la línea de MAZDA. Cuenta con un motor rotativo Wankel único que produce 232 caballos de fuerza. Este modelo de edición especial es conocido por su diseño ligero y manejo excepcional. Combinando velocidad con ingeniería innovadora, el RX-8 Spirit R destaca como un logro notable en la historia de MAZDA.

CHRYSLER 300C SRT-8 6.4 HEMI

El CHRYSLER 300C SRT-8 6.4 HEMI es el coche más rápido en la línea de CHRYSLER, con una velocidad máxima de 281 km/h. Está impulsado por un motor V8 HEMI de 6.4 litros que produce 470 caballos de fuerza. Conocido por su rendimiento musculoso, este modelo puede acelerar de 0 a 100 km/h en solo 4.3 segundos. Su combinación de velocidad, potencia y diseño clásico hace que el 300C SRT-8 destaque en la gama de CHRYSLER.

MITSUBISHI Lancer Evo

Con una velocidad máxima de 282 km/h, el MITSUBISHI Lancer Evo FQ400 es el coche más rápido en la línea de MITSUBISHI. Cuenta con un motor turboalimentado de 2.0 litros que genera impresionantes 411 caballos de fuerza. La aceleración es otro punto fuerte, ya que puede pasar de 0 a 100 km/h en solo 3.8 segundos. Este modelo es celebrado por su manejo y rendimiento excepcionales, destacándose entre los sedanes de alto rendimiento.

OPEL Lotus Omega

283 Km/H

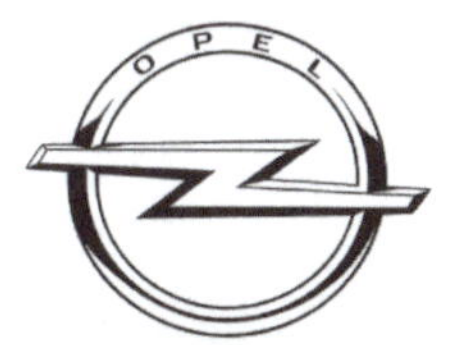

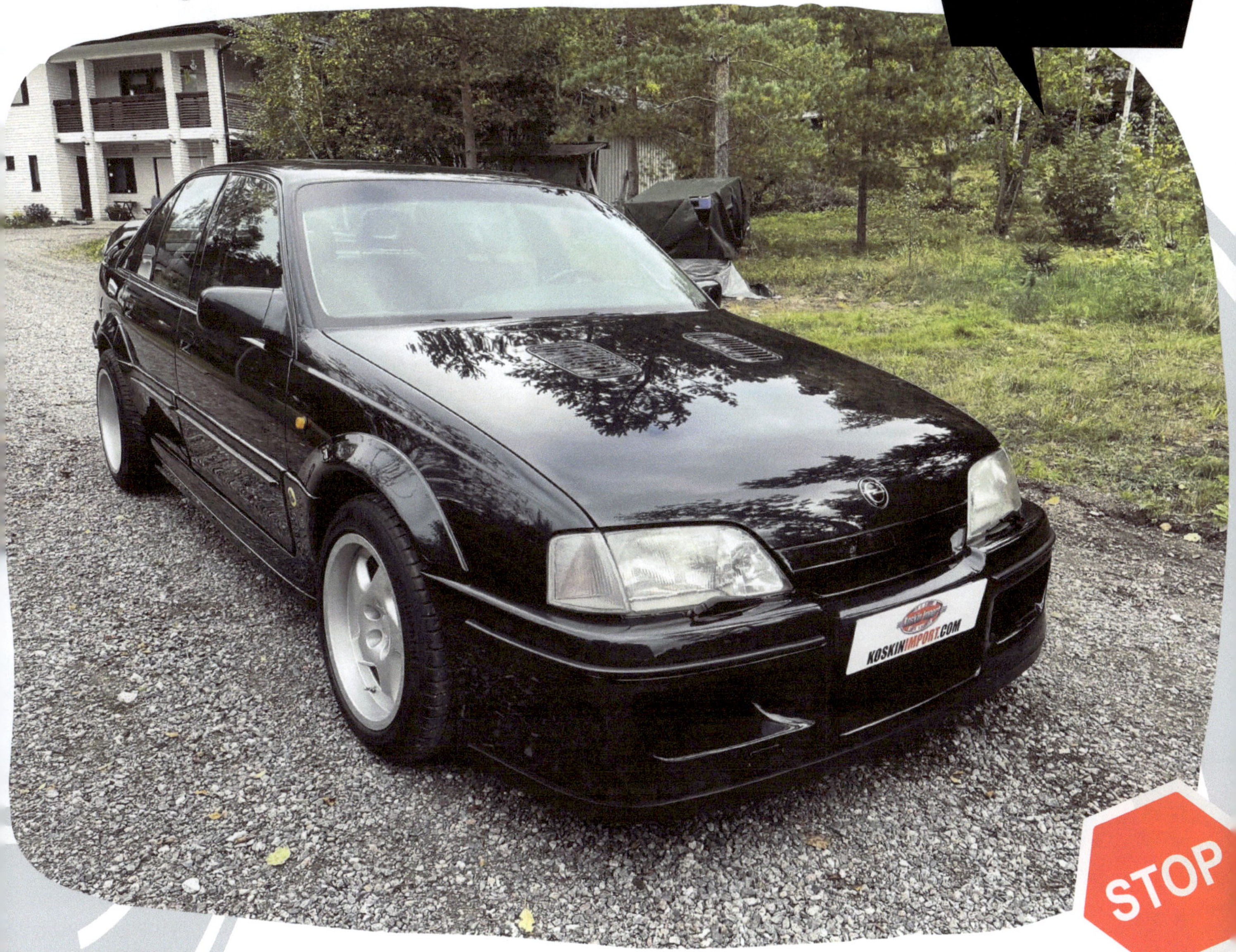

STOP

El OPEL Lotus Omega alcanza una velocidad máxima de 283 km/h, lo que lo convierte en el coche más rápido de la línea OPEL. Durante un tiempo, ostentó el título de sedán más rápido del mundo. Su motor twin-turboalimentado de 3.6 litros produce 377 caballos de fuerza, ofreciendo un rendimiento notable. El coche se produjo originalmente en un solo color, "Verde Imperial", un verde muy oscuro.

El JEEP Grand Cherokee Trackhawk, con una velocidad máxima de 289 km/h, es el vehículo más rápido de la línea JEEP. Impulsado por un motor V8 supercargado de 6.2 litros, genera unos impresionantes 707 caballos de fuerza. Este SUV de alto rendimiento puede acelerar de 0 a 100 km/h en solo 3.5 segundos.

RANGE ROVER Sport SV

LAND ROVER

290 Km/H

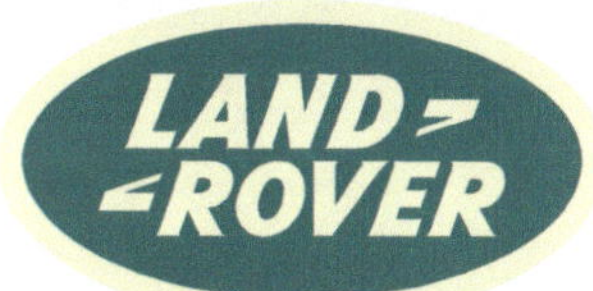

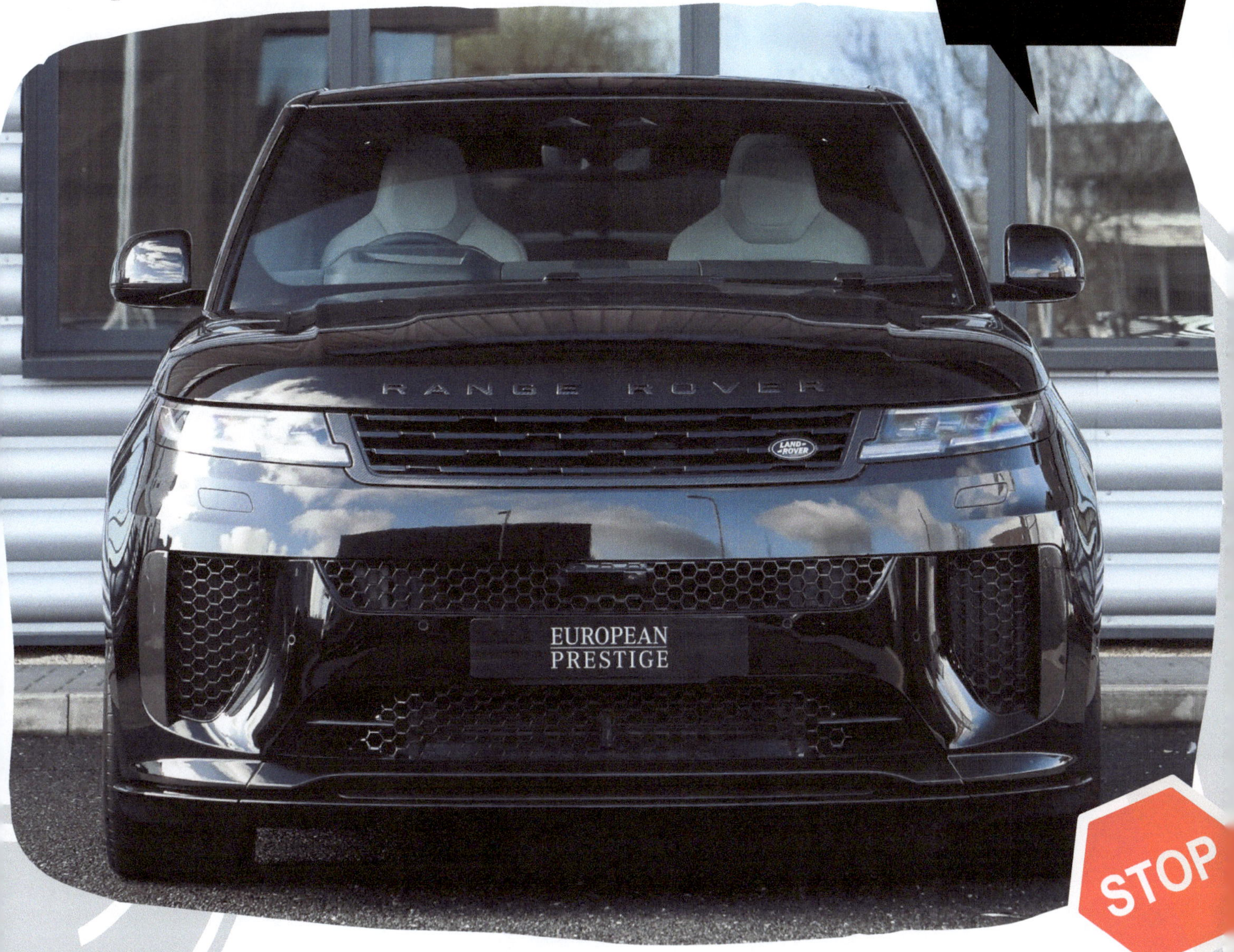

El RANGE ROVER Sport SV ostenta el título del coche más rápido en la línea de Land Rover, con una velocidad máxima de 290 km/h. Está equipado con un motor V8 supercargado de 5.0 litros que produce 575 caballos de fuerza. Este SUV de alto rendimiento puede acelerar de 0 a 100 km/h en solo 4.3 segundos. Combinando lujo y velocidad, el Sport SV ofrece una experiencia de conducción inigualable tanto dentro como fuera de la carretera.

HONDA NSX
type S

El HONDA NSX Type S es el coche más rápido en la línea de HONDA, alcanzando una velocidad máxima de 307 km/h. Este superdeportivo está impulsado por un motor V6 twin-turbo de 3.5 litros emparejado con tres motores eléctricos, entregando una potencia combinada de 600 caballos de fuerza. Puede acelerar de 0 a 100 km/h en solo 2.9 segundos, mostrando sus notables capacidades de rendimiento.

BMW M4 CSL

El BMW M4 CSL alcanza una velocidad máxima de 307 km/h, convirtiéndose en el coche más rápido de la línea BMW. Equipado con un motor de seis cilindros en línea twin-turbo de 3.0 litros, produce 543 caballos de fuerza. Este modelo de alto rendimiento puede acelerar de 0 a 100 km/h en solo 3.6 segundos. Cabe destacar que el M4 CSL incorpora un uso extenso de materiales ligeros, mejorando significativamente su agilidad y dinámica de conducción.

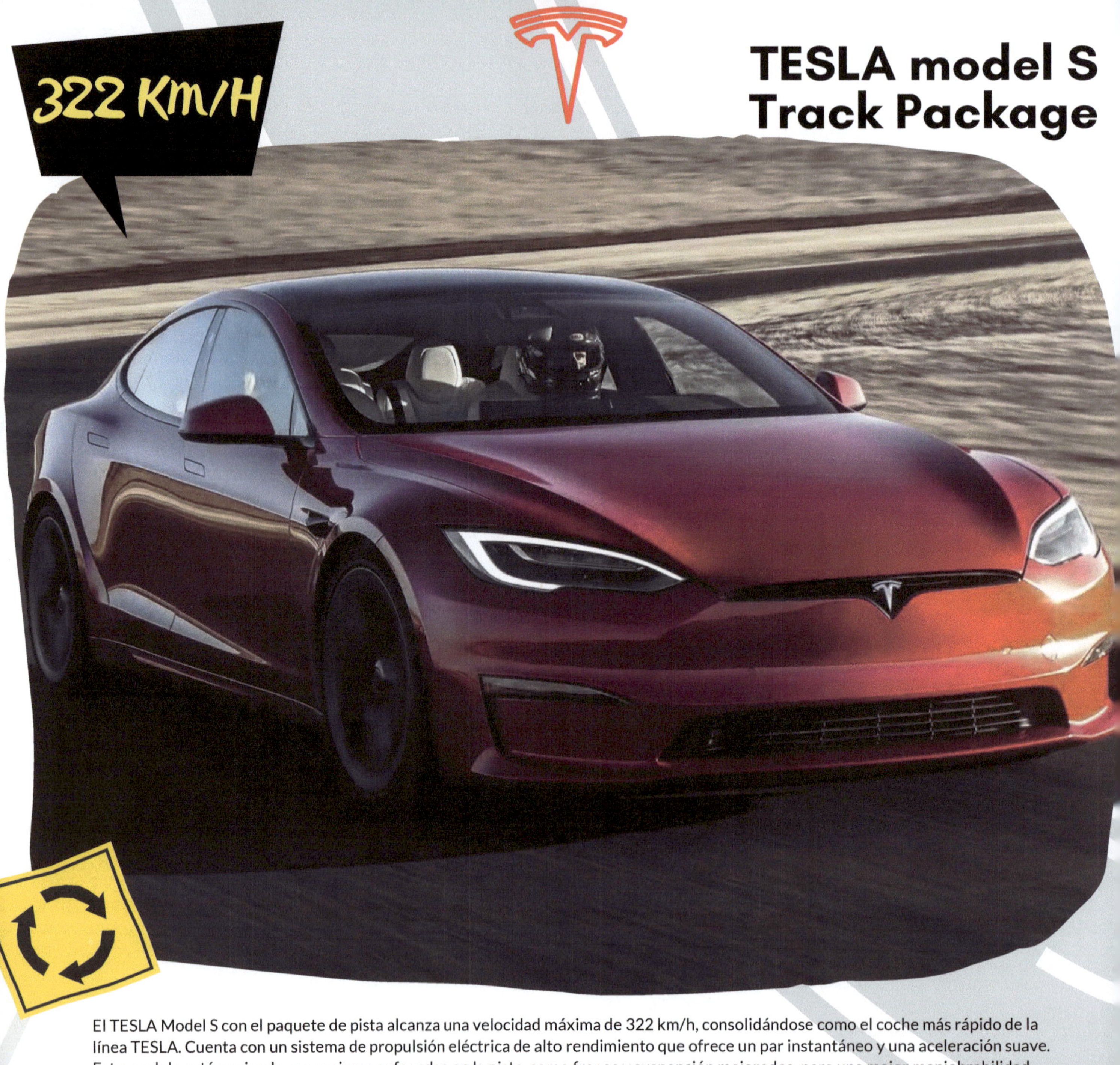

El TESLA Model S con el paquete de pista alcanza una velocidad máxima de 322 km/h, consolidándose como el coche más rápido de la línea TESLA. Cuenta con un sistema de propulsión eléctrica de alto rendimiento que ofrece un par instantáneo y una aceleración suave. Este modelo está equipado con mejoras enfocadas en la pista, como frenos y suspensión mejorados, para una mejor maniobrabilidad y estabilidad a altas velocidades.

CADILLAC CT5-V Blackwing

El CADILLAC CT5-V Blackwing ostenta una velocidad máxima de 322 km/h, asegurando su lugar como el coche más rápido de la línea CADILLAC. Impulsado por un motor V8 de alto rendimiento, ofrece una potencia y aceleración emocionantes. Con su chasis avanzado y ajuste de suspensión, el CT5-V Blackwing ofrece un manejo y agilidad excepcionales. Este sedán de lujo combina velocidad, comodidad y tecnología de vanguardia para una experiencia de conducción inigualable.

El LEXUS LFA Nurburgring Package ostenta el título del coche más rápido en la línea LEXUS, con una velocidad máxima de 326 km/h. Cuenta con un motor V10 especialmente ajustado, que ofrece una potencia y rendimiento emocionantes. Este superdeportivo de edición limitada es conocido por su manejo excepcional y precisión, lo que lo convierte en un favorito entre los entusiastas de la conducción.

DODGE Viper SRT

El DODGE Viper SRT 2015 se erige como el coche más rápido de la línea DODGE, con una velocidad máxima de 331 km/h. Impulsado por un formidable motor V10, ofrece un rendimiento emocionante en la carretera. Este icónico coche deportivo es celebrado por su potencia bruta y estilo agresivo. Con su construcción ligera y diseño aerodinámico, el Viper SRT 2015 ofrece una experiencia de conducción emocionante para los entusiastas.

Celebrando una década de excelencia con motor V10, el AUDI R8 Decennium es el coche más rápido en la línea de AUDI, con una velocidad máxima de 331 km/h. Su motor V10 de 5.2 litros produce impresionantes 620 caballos de fuerza. Este modelo de edición limitada presenta elementos de diseño exclusivos e interiores lujosos, destacando su estatus especial. El R8 Decennium puede acelerar de 0 a 100 km/h en solo 3.1 segundos, convirtiéndolo en una verdadera máquina de alto rendimiento.

ALFA ROMEO 33
Stradale

El ALFA ROMEO Stradale 33 alcanza una velocidad máxima de 333 km/h, convirtiéndolo en el coche más rápido en la línea de ALFA ROMEO. Equipado con un potente motor V6, ofrece un notable poder y rendimiento. Este coche deportivo de alto rendimiento es conocido por su construcción ligera y aerodinámica avanzada. El Stradale 33 puede acelerar de 0 a 100 km/h en solo 2.9 segundos, mostrando su impresionante velocidad e ingeniería.

El MASERATI Ghibli 334 Ultima ostenta el título del coche más rápido en la línea de MASERATI, con una velocidad máxima de 334 km/h. Está impulsado por un motor V8 twin-turbo de 3.8 litros que produce impresionantes 580 caballos de fuerza. Este sedán de alto rendimiento combina lujo y velocidad, ofreciendo una experiencia de conducción excepcional. Además, el Ghibli 334 Ultima cuenta con aerodinámica avanzada y un diseño ligero, mejorando tanto su agilidad como su rendimiento.

BENTLEY Continental

El BENTLEY Continental Supersports es el coche más rápido en la línea de BENTLEY, con una velocidad máxima de 336 km/h. Está equipado con un motor W12 de 6.0 litros que entrega impresionantes 700 caballos de fuerza. Este coche lujoso pero potente puede acelerar de 0 a 100 km/h en solo 3.4 segundos. A pesar de sus capacidades de rendimiento, el Continental Supersports mantiene la elegancia y el confort por los que BENTLEY es conocido.

El JAGUAR XJ220 alcanza una velocidad máxima de 341 km/h, convirtiéndolo en el coche más rápido en la línea de JAGUAR. Este icónico superdeportivo está impulsado por un motor V6 twin-turbo de 3.5 litros que produce 542 caballos de fuerza. Cuando fue introducido, el XJ220 fue el coche de producción más rápido del mundo. Su diseño elegante y aerodinámica avanzada contribuyeron significativamente a su notable rendimiento.

PORSCHE 918
Spider

Capaz de alcanzar una velocidad máxima de 344 km/h, el PORSCHE 918 Spyder es el coche más rápido en la línea de PORSCHE. Este superdeportivo híbrido combina un motor V8 de 4.6 litros con motores eléctricos para producir un total de 887 caballos de fuerza. Puede acelerar de 0 a 100 km/h en solo 2.5 segundos, mostrando su impresionante velocidad y potencia. El 918 Spyder también cuenta con tecnología avanzada y materiales ligeros, convirtiéndolo en una maravilla de la ingeniería moderna.

CHEVROLET CORVETTE ZR1

Con una velocidad máxima de 344 km/h, el CHEVROLET Corvette C7 ZR1 es el coche más rápido en la línea de CHEVROLET, superando incluso a la versión más nueva C8. Está equipado con un motor V8 supercargado de 6.2 litros que genera impresionantes 755 caballos de fuerza. El C7 ZR1 puede acelerar de 0 a 100 km/h en solo 2.8 segundos, demostrando sus notables capacidades de rendimiento.

FORD GT

Alcanzando una impresionante velocidad máxima de 348 km/h, el FORD GT ostenta con orgullo el título del coche más rápido en la línea de FORD. Con su potente motor V6 twin-turboalimentado, ofrece una experiencia de conducción emocionante. A pesar de los avances en modelos más nuevos, el GT sigue siendo el epítome de velocidad y rendimiento para los entusiastas de FORD. Su diseño aerodinámico avanzado contribuye a su notable velocidad y agilidad en la carretera.

LOTUS
Evija

El LOTUS Evija se erige como el coche más rápido en la línea de LOTUS, con una velocidad máxima de 349 km/h. Con su tren motriz eléctrico, ofrece aceleración instantánea y un rendimiento impresionante. Este hiperauto totalmente eléctrico no solo es rápido, sino también respetuoso con el medio ambiente, mostrando el compromiso de LOTUS con la innovación. Su diseño aerodinámico y construcción ligera contribuyen a su notable velocidad y agilidad en la carretera.

FERRARI LaFerrari

Con una velocidad máxima de 349 km/h, el FERRARI LaFerrari se erige como el pináculo de la velocidad en la línea de FERRARI. Su motor V12 de 6.3 litros, combinado con un motor eléctrico, entrega impresionantes 950 caballos de fuerza. Este hipercoche híbrido presume de una construcción ligera, lo que le permite acelerar de 0 a 100 km/h en menos de 3 segundos.

El MERCEDES AMG One, con una velocidad máxima de 352 km/h, se posiciona como el coche más rápido de esta marca. Su potencia proviene de un tren motriz híbrido que incluye un motor V6 de 1.6 litros combinado con motores eléctricos, produciendo más de 1000 caballos de fuerza. Con un peso de alrededor de 1695 kg, este coche ofrece un rendimiento similar al de un Formula 1 en un paquete apto para la carretera. Además, puede acelerar de 0 a 100 km/h en solo 2.6 segundos, mostrando su increíble velocidad y potencia.

NISSAN R390 GTI

El NISSAN R390 GTI, con una velocidad máxima de 354 km/h, ostenta el título del coche más rápido de su marca. Este vehículo de alto rendimiento está impulsado por un motor V8 twin-turbo de 3.5 litros. Produce impresionantes 550 caballos de fuerza, lo que le permite alcanzar una aceleración notable. Diseñado para combinar velocidad y estilo, el R390 GTI es un superdeportivo raro e icónico.

El LAMBORGHINI Veneno, con una velocidad máxima de 355 km/h, es el coche más rápido de su marca. Cuenta con un motor V12 de 6.5 litros que entrega impresionantes 740 caballos de fuerza. Este superdeportivo puede acelerar de 0 a 100 km/h en solo 2.8 segundos, demostrando sus notables capacidades de rendimiento. Además, su construcción ligera y diseño aerodinámico contribuyen a su extraordinaria velocidad y agilidad.

ASTON MARTIN ONE-77

El ASTON MARTIN One-77 presume de una velocidad máxima de 356 km/h, convirtiéndolo en el coche más rápido de su marca. Este vehículo excepcional está impulsado por un motor V12 de 7.3 litros que produce 750 caballos de fuerza. Su chasis ligero de fibra de carbono contribuye a su impresionante rendimiento y agilidad. Además, el One-77 puede acelerar de 0 a 100 km/h en solo 3.5 segundos, resaltando su velocidad notable.

El TOYOTA TS020 GT-One puede alcanzar una velocidad máxima de 379 km/h, convirtiéndolo en el coche más rápido de esta marca. Este vehículo de alto rendimiento está impulsado por un motor V8 de 3.6 litros que entrega impresionantes 600 caballos de fuerza. Con un peso de solo 900 kg, su construcción ligera contribuye significativamente a su velocidad y agilidad. Además, el TS020 GT-One puede acelerar de 0 a 100 km/h en menos de 3 segundos, mostrando sus excepcionales capacidades de aceleración.

PAGANI Huayra BC Roadster

Con una velocidad máxima de 386 km/h, el PAGANI Huayra BC Roadster se erige como el coche más rápido de esta marca. Impulsado por un potente motor V12 twin-turbo de 6.0 litros, genera impresionantes 791 caballos de fuerza. A pesar de su rendimiento poderoso, el Huayra BC Roadster mantiene una construcción relativamente ligera, mejorando su agilidad en la carretera. Su aceleración de 0 a 100 km/h es un logro impresionante, realizado en menos de 3 segundos.

Con una impresionante velocidad máxima de 402 km/h, el MCLAREN Speedtail ostenta el título de coche más rápido de la marca. Su sistema de propulsión híbrido, con un V8 biturbo de 4.0 litros combinado con un motor eléctrico, produce la asombrosa cifra de 1.070 caballos de fuerza. El diseño elegante y aerodinámico del Speedtail garantiza su rendimiento excepcional, permitiéndole surcar el aire sin esfuerzo, acelerando de 0 a 100 km/h en sólo 2,5 segundos.

ZENVO TSR-GT

Capaz de alcanzar una impresionante velocidad máxima de 424 km/h, el ZENVO TSR-GT se erige como el coche más rápido de esta marca. Impulsado por un formidable motor V8 twin-supercharged de 5.8 litros, ofrece un rendimiento emocionante. A pesar de su velocidad, el TSR-GT sigue siendo una obra maestra de la ingeniería, con un diseño elegante y aerodinámico. Con su construcción ligera y tecnología avanzada, este superdeportivo ejemplifica la cima de la innovación automotriz.

Alcanzando una impresionante velocidad máxima de 475 km/h, el SSC Tuatara ostenta el título como el coche más rápido de esta marca. Impulsado por un potente motor V8 twin-turbo de 5.9 litros, produce una cantidad impresionante de potencia. A pesar de su rendimiento vertiginoso, el Tuatara presume de una construcción ligera en fibra de carbono, lo que contribuye a su agilidad y velocidad. Con aerodinámica y tecnología de vanguardia, este superdeportivo empuja los límites de la excelencia automotriz.

HENNESSEY VENOM F5

Con una impresionante velocidad máxima de 484 km/h, el HENNESSEY Venom F5 se destaca como el coche más rápido en la línea de esta marca. Impulsado por un monstruoso motor V8 twin-turbo sobrealimentado que produce más de 1817 caballos de fuerza, lo que lo convierte en uno de los coches de producción más potentes jamás construidos. A pesar de su impresionante rendimiento, el Venom F5 presume de una construcción relativamente ligera, lo que contribuye a su agilidad y velocidad.

BUGATTI CHIRON
Super sport 300+

El BUGATTI Chiron Super Sport 300+ presume de una asombrosa velocidad máxima de 490 km/h, estableciendo un nuevo estándar para los hypercars. Su motor W16 cuádruple sobrealimentado produce una notable potencia de 1577 caballos de fuerza, asegurando una aceleración y rendimiento impresionantes. A pesar de su inmenso poder, el Chiron Super Sport 300+ mantiene un manejo y estabilidad impresionantes, gracias a su avanzada aerodinámica y tecnología de suspensión.

KOENIGSEGG
Jesko Absolut

Con una velocidad máxima impresionante de 531 km/h, el KOENIGSEGG Jesko Absolut ostenta el título del coche de producción más rápido del mundo. Impulsado por un motor V8 twin-turbo sobrealimentado que genera más de 1600 caballos de fuerza, ofrece una aceleración y rendimiento incomparables. A pesar de su increíble velocidad, el Jesko Absolut cuenta con una aerodinámica avanzada para asegurar estabilidad y control a altas velocidades.

comprobar también:

y mucho más!